Silvio Wonsovicz
Sandra Magalhães Albertino

Entender as ideias e filosofar

7ª edição

Florianópolis, 2013

ESPAÇO FILOSÓFICO...

PHILOS = Amizade, amor
SOPHIA – SOPHOS = Sabedoria, Sábio
Philos + *Sophia* = amor pelo saber, amizade à sabedoria, busca do saber.
Philos + *Sophos* = sábio que tem amor, amizade pelo saber; que busca a sabedoria

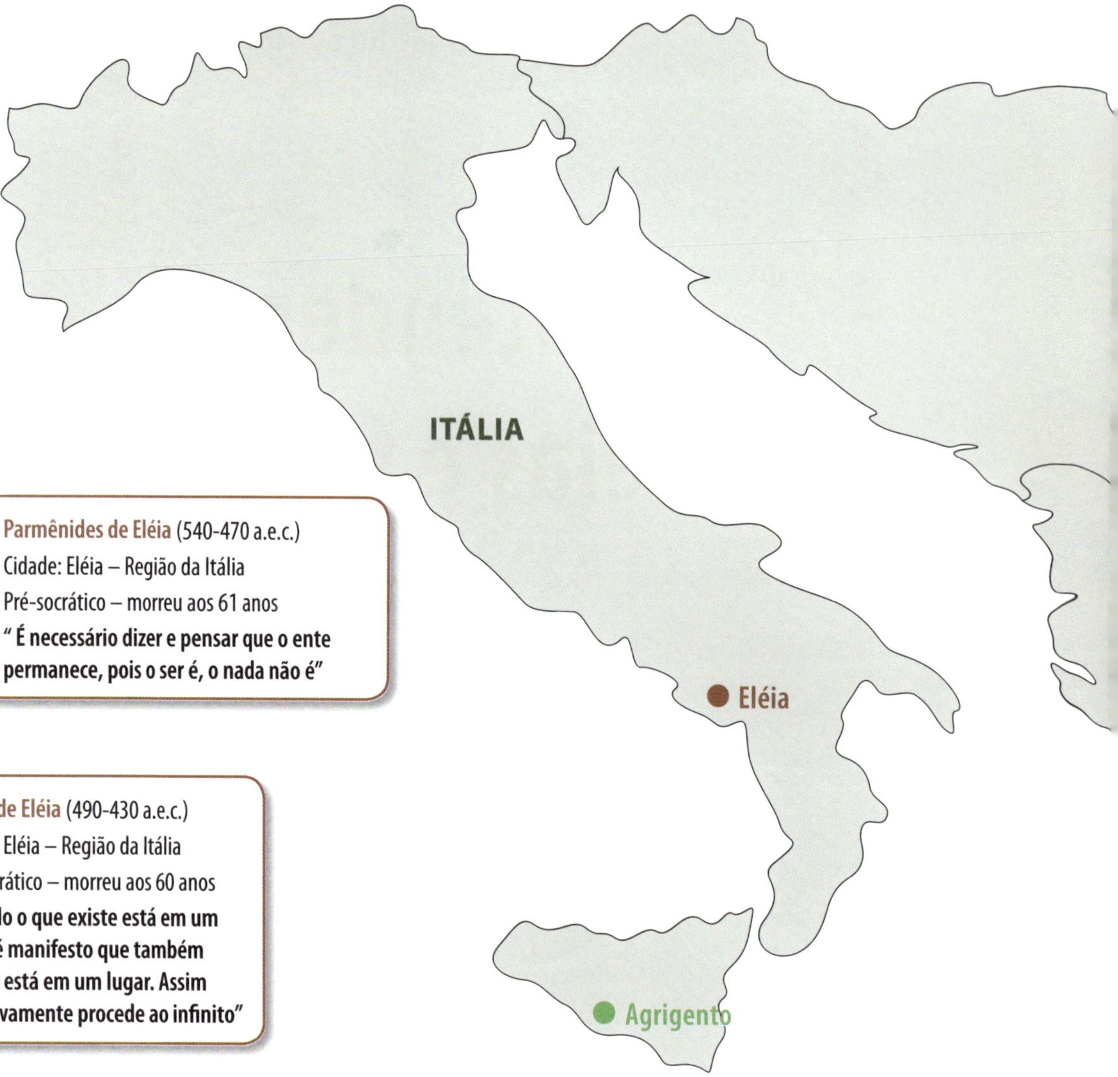

ITÁLIA

Parmênides de Eléia (540-470 a.e.c.)
Cidade: Eléia – Região da Itália
Pré-socrático – morreu aos 61 anos
"**É necessário dizer e pensar que o ente permanece, pois o ser é, o nada não é**"

● Eléia

Zenão de Eléia (490-430 a.e.c.)
Cidade: Eléia – Região da Itália
Pré-socrático – morreu aos 60 anos
"**Se tudo o que existe está em um lugar, é manifesto que também o lugar está em um lugar. Assim sucessivamente procede ao infinito**"

● Agrigento

Empédocles de Agrigento (492-432 a.e.c.)
Cidade: Agrigento – Região da Sicília
Pré-socrático – morreu aos 60 anos
"**Todos os fenômenos da natureza são resultados de quatro elementos: fogo, ar, terra e água**"

Platão (427-347 a.e.c.)
Cidade: Atenas – Região da Grécia
Morreu aos 81 anos – Desenvolveu a noção de que o homem está em contato permanente com dois tipos de realidade: a inteligível e a sensível.
"**É possível descobrir mais sobre uma pessoa numa hora de brincadeira do que num ano de conversa**"

Pitágoras de Samos (570-496 a.e.c.)
Cidade: Samos – Região da Ásia Menor
Pré-socrático – morreu aos 72 anos
"Reflita antes de agir para que não leves a cabo coisas insensatas"

Anaxágoras de Clazomene (500-428 a.e.c.)
Cidade: Clazomene – Região da Ásia Menor
Pré-socrático – morreu aos 72 anos
"Todas as coisas resultam da combinação de diferentes homeomerias (diferentes elementos que diferem entre si nas qualidades)"

Demócrito de Abdera (460-370 a.e.c.)
Cidade: Abdera – Região da Trácia
Pré-socrático – morreu aos 90 anos
"Como a medicina cura os males do corpo, a sabedoria liberta a alma das paixões"

Aristóteles (384-322 a.e.c.)
Cidade: Estagira – Região da Calcídica (Grécia)
Morreu aos 62 anos – É considerado por muitos "O Filósofo", pois foi que mais influenciou o pensamento ocidental.
"O sábio nunca diz tudo o que pensa, mas pensa sempre tudo o que diz"

Anaxímenes de Mileto (585-528 a.e.c.)
Cidade: Mileto – Região da Ásia Menor
Pré-socrático – morreu aos 57 anos
"A lua reflete a luz do sol"

Anaximandro de Mileto (610-546 a.e.c.)
Cidade: Mileto – Região da Ásia Menor
Pré-socrático – Morreu com 65 anos
"Criou o primeiro mapa da história"

Sócrates (470-399 a.e.c.)
Cidade: Atenas – Região da Grécia
Morreu aos 71 anos – Fundador e um dos mais importantes filósofos da Filosofia Ocidental.
"Conhece-te a ti mesmo e conhecerás o universo e os deuses"

Tales de Mileto (624-546 a.e.c.)
Cidade: Mileto – Região da Ásia Menor
Pré-socrático – Morreu com 78 anos
"Primeiro filósofo da história ocidental"

Heráclito de Éfeso (585-528 a.e.c.)
Cidade: Éfeso – Região da Ásia Menor
Pré-socrático – morreu aos 57 anos
"Não podemos entrar duas vezes no mesmo rio, pois da segunda vez, tanto o rio, como nós estaremos mudados"

ESPAÇO CRIATIVO →

COLEÇÃO NOVO ESPAÇO FILOSÓFICO CRIATIVO

Copyright © 2003, by Editora Sophos Ltda.

Editor Silvio Wonsovicz
Revisão Isabel Maria Barreiros Luclktenberg
Ilustração Rose Gaiewski
Capa, projeto gráfico e diagramação STUDIO S • Diagramação & Arte Visual — (48) 3025-3070

Catalogação na publicação por: Onélia Silva Guimarães CRB-14/071

W872e Wonsovicz, Silvio
Entender as ideias e filosofar / Silvio Wonsovicz, Sandra Magalhães Albertino. — 7. ed. — Florianópolis : Sophos, 2013.
96p. : il. — (Coleção Novo Espaço Filosófico Criativo; 4º ano)

SER: Sistema de Ensino Reflexivo
ISBN: 978-85-85913-86-1
Inclui bibliografia

1. Filosofia — Estudo e ensino. 2. Educação infantil. 3. Aprendizagem — Metodologia. 4. Pensamento criativo. I. Albertino, Sandra Magalhães. II. Título.

CDU: 1:37

COLEÇÃO NOVO ESPAÇO FILOSÓFICO CRIATIVO

1º Ano **Vamos filosofar?** (1ª edição)
2º Ano **Aprender a filosofar com os colegas** (7ª edição)
3º Ano **Discutir e construir um filosofar vivo** (7ª edição)
4º Ano **Entender as ideias e filosofar** (7ª edição)
5º Ano **Tecer as ideias com os outros: filosofando** (7ª edição)
6º Ano **Filosofar e viver** (7ª edição)
7º Ano **A filosofia no nosso dia a dia** (7ª edição)
8º Ano **Conviver e filosofar com os outros** (7ª edição)
9º Ano **Somos cidadãos reflexivos: filósofos por natureza** (7ª edição)

2013

Depósito legal na Biblioteca Nacional conforme Decreto nº 1.825, de 20 de dezembro de 1907. Todos os direitos reservados. Nenhuma parte desta obra poderá ser reproduzida ou transmitida por qualquer forma e/ou quaisquer meios (eletrônico ou mecânico, incluindo fotocópias e gravação) ou arquivada em qualquer sistema ou banco de dados sem permissão escrita da Editora.

EDITORA SOPHOS
Rua Cristóvão Nunes Pires, 161 — Centro
88010-120 Florianópolis/SC — Fone/Fax (48) 3222.8826
www.editorasophos.com.br — e-mail: vendas@editorasophos.com.br
Filiada à Câmara Catarinense do Livro

SUMÁRIO

Introdução 7
Ensinar a pensar 9
1. Sobre nós 10
2. Um pouco mais sobre você 14
3. Comunidade de Aprendizagem Investigativa – construindo juntos as ideias e ações 20
4. Não vivo só: compartilhar e partilhar 23
5. Amizade 29
6. Responsabilidade: ser responsável 35
7. Tenho uma história 41
8. Entendimentos diferentes: ambiguidades 45
9. Ler além das palavras: sinais 50
10. Interpretar 57
11. Cuidar de si e dos outros 62
12. Necessidades 68
    Para pensarmos sempre 75
    Espaço filosófico – atividade em família 76
    Espaço criativo – pesquisa 77
    Espaço filosófico – investigação 78
    Espaço filosófico – investigação 79
    Espaço criativo – desenho 80
    Espaço criativo – desenho 81
    Espaço filosófico – reflexão 82
    Espaço filosófico criativo – perguntas, dúvidas, anotações 83
    Momento de avaliação 1 84
    Momento de avaliação 2 86
    Momento de avaliação 3 88
    Momento de avaliação 4 90
    Vamos registrar nossa caminhada neste ano 92
    Lembrete 94
    Referências 95

INTRODUÇÃO

*"Não se pode aprender Filosofia,
tão só se pode aprender a filosofar."*

Filósofo em Meditação.
Óleo de Rembrandt.

Vocês, alunos do 4º ano, têm em mãos um livro pensado para ajudar a filosofar. Um livro no qual as ideias seguem uma sequência e convidam toda a turma a pensar sobre o pensar. Um livro em que cada aluno será coautor do texto e autor de suas ideias. Isso tudo será feito na Comunidade de Aprendizagem Investigativa, que queremos que seja construída na sala de aula.

Este nosso livro faz parte de uma coleção e tem um objetivo, o de levar cada aluno a ser autor de suas ideias, a filosofar sobre seus entendimentos, sua vida, sua realidade, seus sonhos e esperanças.

Para isso acontecer, você precisa:

- participar de todas as atividades, debates e discussões das ideias;
- conversar com outras pessoas sobre os assuntos trabalhados e pesquisar mais sobre eles;
- procurar respeitar as regras estipuladas em sua sala de aula;
- buscar sempre dar razões às suas ideias;
- pensar bem antes de falar e não se intimidar em corrigir, mudar ou defender suas ideias; e
- conhecer a si mesmo e aos seus colegas para viver e conviver melhor.

Queremos, por meio da Coleção Novo Espaço Filosófico Criativo, que você se divirta pensando em coisas importantes. Desenvolva a imaginação, a crítica e a reflexão. Durante as aulas de Filosofia, sob a coordenação de professores preparados, com certeza muitas coisas interessantes serão aprendidas.

Os professores de Filosofia são os responsáveis para que essa aprendizagem aconteça com a colaboração de cada aluno. A afirmação inicial é a do filósofo alemão Emanuel Kant, que viveu de 1724 a 1804, quem afirmava: o aluno não deve

> *aprender pensamentos, mas aprender a pensar; não se deve levá-lo, mas guiá-lo, se se pretende que no futuro seja capaz de caminhar por si mesmo [...]. É uma maneira de ensinar deste tipo que exige a natureza peculiar da filosofia. O aluno que saiu da instrução escolar estava habituado a aprender. Agora, ele pensa que vai aprender Filosofia, o que é, porém, impossível, porque agora ele tem de aprender a filosofar.*

Lembre-se:

> *Mas o que é o filosofar hoje em dia senão o trabalho crítico do pensamento sobre o próprio pensamento? Senão a tentativa de saber de que maneira e até onde seria possível pensar diferentemente em vez de legitimar o que se sabe?* (FOUCAULT).

Bom trabalho! Boas ideias, criatividade e ações para todos nós, porque somos obrigados a ser felizes, a viver bem e a celebrar a vida.

Os Autores.

ENSINAR A PENSAR

"Espera-se que o professor desenvolva no seu aluno, em primeiro lugar, o homem de entendimento, depois, o homem de razão, e, finalmente, o homem de instrução. Este procedimento tem esta vantagem: mesmo que, como acontece habitualmente, o aluno nunca alcance a fase final, terá mesmo assim beneficiado da sua aprendizagem. Terá adquirido experiência e ter-se-á tornado mais inteligente, se não para a escola, pelo menos para a vida.

Se invertermos este método, o aluno imita uma espécie de razão, ainda antes de o seu entendimento se ter desenvolvido. Terá uma ciência emprestada que usa não como algo que, por assim dizer, cresceu nele, mas como algo que lhe foi dependurado. A aptidão intelectual é tão infrutífera como sempre foi. Mas ao mesmo tempo foi corrompida num grau muitíssimo maior pela ilusão de sabedoria. É por esta razão que não é infreqüente nos depararmos com homens de instrução (estritamente falando, pessoas que têm estudos) que mostram tão pouco entendimento. É por esta razão, também, que as academias enviam para o mundo mais pessoas com as suas cabeças cheias de inanidades do que qualquer outra instituição pública.

Em suma, o entendimento (das pessoas) não deve aprender pensamentos, mas aprender a pensar. Quem (aprende) deve ser conduzido, se assim nos quisermos exprimir, mas não levado em ombros, de maneira a que no futuro seja capaz de caminhar por si, e sem tropeçar."

Texto retirado de **Anúncio do Programa do Semestre de Inverno de 1765-1766**, da coletânea de textos **Theoretical Philosophy, 1755-1770**, edição de David Walford e Ralf Merbote, Cambridge University Press, 1992, p. 2.306-2.307, com tradução de Desidério Murcho.

1 SOBRE NÓS

O Novo Espaço Filosófico Criativo 4º ano – **Entender as ideias e filosofar** é um livro que lhe pertence. Ele será seu à medida que você escrevê-lo, completá-lo com suas ideias e reflexões, sonhos e desejos, investigações e descobertas... Portanto, você é o autor junto com os autores!

Preencha os seus dados para que os outros, ao lerem nosso livro, possam saber algo mais sobre os autores do Novo Espaço Filosófico Criativo 4º ano.

Nome: _____

_____

Data e local do meu nascimento: ____/____/____ em _____

no estado _____

Nome e idade do meu Pai: _____

_____

Nome e idade da minha Mãe: _____

_____

Nome e idade do(s) meu(s) irmão(s): _____

_____

_____

_____

Nome e idade do(s) meu(s) professor(es): _____

_____

_____

_____

4º ano Turma: _____ Ano: _____ Cidade: _____

Nome do meu Colégio: _____

_____

Meus sonhos e desejos para este ano em minha escola: _____

_____

_____

_____

_____

Desenhe aqui como você se vê. Afinal, você também é autor deste livro!

Entender as ideias e filosofar

Nome: **Sandra Magalhães Albertino** nasceu na cidade do Rio de Janeiro e mora na cidade de Londrina, no norte do estado do Paraná, desde os sete anos de idade. Ela se considera londrinense, como seu filho Henrique.

Gosta muito de trabalhar com crianças como você. Ela é psicopedagoga, professora de Filosofia, contadora de histórias, faz e ensina a fazer origamis (dobraduras). Adora pensar, aprender e descobrir junto com os outros. Outra coisa que faz muito é ler, pois se diverte e tem sempre novas ideias.

A Sandra curte muito desenhar, ouvir música, dançar, tomar sorvetes e comer chocolate. Não gosta de brigas, intolerâncias e egoísmo.

Sempre diz que seu sonho e desejo é deixar os lugares por onde passa melhores do que os encontra.

Nome: **Silvio Wonsovicz** nasceu na cidade de Curitiba no estado do Paraná, mas mora em Florianópolis há mais de 20 anos. Ele, seus filhos (Silvana, Fernanda e Lucas) e sua esposa se consideram florianopolitanos.

Gosta muito de dar aulas de Filosofia com as crianças. É professor universitário e fez o doutorado em Filosofia, mas o que gosta mesmo é de filosofar com as crianças e os adolescentes.

O Silvio gosta de estar com a sua família e tem uma grande força de vontade em aprender sempre e fazer as coisas acontecerem.

Costuma dizer que seu sonho é ver crianças e adolescentes pensando bem e transformando o lugar onde moram numa sociedade e num mundo melhores, mais justos e mais felizes para todos.

Sandra Magalhães Albertino

Silvio Wonsovicz

Cole aqui sua foto 3x4

Vamos Criar e filosofar...

Faça um desenho representando o seu primeiro dia de aula como aluno do 4º ano.

Vamos Filosofar e criar...

Quais as suas expectativas para este ano escolar?
_____
_____

O que a sua presença poderá trazer de bom para a sua turma?
_____
_____

Dia em que comecei a escrever o livro Novo Espaço Filosófico Criativo 4º ano – **Entender as ideias e filosofar** nas aulas de Filosofia no meu Colégio:

_____ de _____ de 20 _____

DATA

2 UM POUCO MAIS SOBRE VOCÊ

Para aquecer a investigação filosófica

Todos afirmam que cada pessoa é única e que todo mundo é importante e especial de alguma maneira. Desde que nascemos somos ser social. A relação com as outras pessoas é tão essencial que faz parte do nosso existir. Nossa humanidade se concretiza pelo diálogo com o outro. Pela linguagem, e com ela, a cultura nos introduz em uma tradição cultural.

- Mas num mundo com quase sete bilhões de pessoas, quem se arrisca a levantar a mão com segurança e dizer que é diferente de todos os outros?

- Como podemos afirmar que somos diferentes, quando no fundo, no fundo, temos sempre o desejo de sermos iguais a alguém?

Vamos Filosofar e criar...

a) O que mais gosto em mim é _____

b) A coisa que eu mais gosto de fazer é _____

c) Me aborreço quando _____

d) Fico orgulhoso(a) quando _____

e) Me preocupo com _____

f) Quando vejo uma injustiça _____

g) A palavra que eu mais digo é _____

Responda às questões a seguir:

a) Qual foi o lugar mais legal que você conheceu? Conte o que tinha de especial nesse lugar.

b) Qual é o seu dia da semana preferido? O que você faz nesse dia?

c) Do que você mais gosta na sua escola? Se pudesse modificar alguma coisa, o que seria?

d) Se as suas pernas pudessem falar, o que elas diriam para você?

e) Se você pudesse escolher um lugar para comemorar seu próximo aniversário, que lugar seria? Justifique sua escolha.

f) Que profissão você quer ter no futuro? Você admira alguém que exerce essa profissão?

Entender as ideias e filosofar

g) Do que você mais gosta na sua cidade?
_____
_____

h) Do que você menos gosta na sua cidade?
_____
_____

i) Na sua opinião, há paz no mundo? Por quê?
_____
_____
_____

Vamos Criar e filosofar...

Observe como os outros autores deste livro foram apresentados (ver página 12) e faça você a sua apresentação.
_____
_____
_____
_____
_____
_____

Sugestões:

a) Sugira um tema que você gostaria de investigar nas aulas de Filosofia e coloque as justificativas.

_____
_____
_____

b) Indique, após conversar com os seus pais, um filme que poderia ser visto e debatido por sua turma. Justifique a sua indicação.

_____
_____
_____

c) Sugira uma música que você ache interessante para analisar e cantar com a sua turma.

_____
_____
_____

Cantar é filosofar

Letra e música: Alunos e professores dos Colégios da Rede Educação para o Pensar do Brasil, ligados ao Centro de Filosofia

Descobri um jeito diferente
Diferente de ser feliz

/: Vem cantar, cantar é filosofar
Vem cantar, pensando a gente chega lá :/

Descobri um jeito diferente
Diferente de ser feliz
Pensando eu posso tudo
Posso tudo o que eu sempre quis

Encontrei um jeito novo
Jeito novo de filosofar
Vamos todos pensar juntos
E fazer o mundo mudar

A importância de ser você mesmo!

Certo dia, um Samurai, que era um guerreiro muito orgulhoso, veio ver um Mestre Zen. Embora fosse muito famoso, ao olhar o Mestre, sua beleza e o encanto daquele momento, o samurai sentiu-se repentinamente inferior.

Ele então disse ao Mestre:

— Por que estou me sentindo inferior? Apenas um momento atrás, tudo estava bem. Quando aqui entrei, subitamente me senti inferior e jamais me sentira assim antes. Encarei a morte muitas vezes, mas nunca experimentei medo algum. Por que estou me sentindo assustado agora?

O Mestre falou:

— Espere. Quando todos tiverem partido, responderei.

Durante todo o dia, pessoas chegavam para ver o Mestre, e o samurai estava ficando mais e mais cansado de esperar. Ao anoitecer, quando o quarto estava vazio, o samurai perguntou novamente:

— Agora você pode me responder por que me sinto inferior?

O Mestre o levou para fora. Era uma noite de lua cheia, e a lua estava justamente surgindo no horizonte. Ele disse:

— Olhe para estas duas árvores: a árvore alta e a árvore pequena ao seu lado. Ambas estiveram juntas ao lado de minha janela durante anos e nunca houve problema algum. A árvore menor jamais disse à maior: — Por que me sinto inferior diante de você?

Esta árvore é pequena e aquela é grande – este é o fato, e nunca ouvi sussurro algum sobre isso.

O samurai então argumentou:

— Isto se dá porque elas não podem se comparar.

E o Mestre replicou: — Então não precisa me perguntar. Você sabe a resposta. Quando você não compara, toda a inferioridade e superioridade desaparecem. Você é o que é e simplesmente existe. Um pequeno arbusto ou uma grande e alta árvore não importa, você é você mesmo.

Uma folhinha da relva é tão necessária quanto a maior das estrelas. O canto de um pássaro é tão necessário quanto qualquer Buda, pois o mundo será menos rico se esse canto desaparecer.

Simplesmente olhe à sua volta. Tudo é necessário e tudo se encaixa. É uma unidade orgânica: ninguém é mais alto ou mais baixo, ninguém é superior ou inferior. Cada um é incomparavelmente único. Você é necessário e basta. Na natureza, tamanho não é diferença. Tudo é expressão igual de vida!

DATA

3 COMUNIDADE DE APRENDIZAGEM INVESTIGATIVA
Construindo juntos as ideias e ações

Para aquecer a investigação filosófica

A cada ano que se inicia temos muitas expectativas na escola. Elas vêm com novos professores, novos colegas, materiais novos e várias possibilidades. É como um caderno novo em que as folhas parecem esperar o início de uma nova história.

Você já deve ter imaginado muitas coisas para fazer neste ano, grande parte delas, com certeza, acontecerá na escola, com os seus colegas, seus professores, seus amigos. Diversas atividades já foram planejadas para você, seus professores e a direção da sua escola traçaram objetivos que você poderá alcançar.

Para garantir que tudo isso aconteça, é preciso haver uma organização. Assim como o caderno tem suas folhas com margens e linhas, na sala de aula também é preciso ter "espaços" para cada coisa.

Nas aulas de Filosofia, esse espaço precisa garantir que todos possam se expressar, colocar suas ideias, concordar com os colegas ou discordar deles. É preciso que exista o silêncio como um espaço de tranquilidade que permite escutar o outro, mas também escutar as próprias ideias.

Vamos Filosofar e criar...

Discuta com os seus colegas e com a ajuda do(a) seu/sua professor(a) elabore as regras que poderão ajudá-los a melhorar, a cada dia, a convivência na sala de aula e a alcançar os objetivos propostos para este ano.

Não se esqueçam de rever essas regras durante o ano e, caso achem necessário, alterem-nas ou acrescentem outras.

 Entender as ideias e filosofar

Vamos Criar e filosofar...

Vamos ler o texto abaixo e criar na Comunidade de Aprendizagem Investigativa três reflexões com as novas letras no alfabeto: **K**, **W** e **Y**.

ABC da Vida

Para atingir seus sonhos, além de Deus, lembre-se:

Abra os olhos para ver as coisas como realmente são.

Basta apenas acreditar em você mesmo.

Considere as coisas por vários ângulos.

"**D**esistir" é palavra que deve ser riscada do vocabulário.

Entenda a si mesmo para entender melhor seus semelhantes.

Família e amigos são tesouros escondidos. Encontre-os e desfrute de suas riquezas.

Ganha quem faz e doa mais do que aquele que planejou.

Hoje aproveite a vida. O ontem já passou, e o amanhã pode nunca chegar.

Ignore aqueles que tentam desencorajá-lo.

Já chegou a hora de agir. Faça agora. Aja!!!

K _____.

Leia, estude e aprenda sobre tudo o que é importante na sua vida.

Mais do que tudo, queira seus sonhos.

Nunca minta, trapaceie ou roube enquanto persegue uma boa meta.

Obtenha mais paz e harmonia evitando pessoas, lugares, coisas e hábitos negativos.

Prática leva à perfeição.

Quem desiste nunca vence, e os vencedores nunca desistem.

Ressalte e defina seus objetivos e vá em direção a eles.

Sonhos são a matéria-prima de qualquer realização. Apegue-se a eles.

Tome e assuma o controle de seu próprio destino.

Uma boa atitude positiva deve ser preservada sempre.

Visualize o que você quer.

W _____.

Xis: o "x" da questão é: você é uma criação única de Deus, nada nem ninguém pode substituir você.

Y _____.

Zele por sua autoestima. Ame-se mais.

DATA

4 NÃO VIVO SÓ: COMPARTILHAR E PARTILHAR

Para aquecer a investigação filosófica

Vamos refletir sobre a ideia abaixo e fazer uma relação com o título do nosso capítulo.

> "O relacionamento é o espelho no qual descobrimos a nós mesmos. Sem relacionamento, não existimos. Existir é relacionar-se."
>
> Jiddu Krishnamurti

Vamos Filosofar e criar...

A escola é um espaço de convivência e aprendizagem. Nela existem normas e **regras** que buscam facilitar o aprendizado e a boa convivência dos que estudam e trabalham. As regras, na sala de aula, garantem o respeito às diferenças, facilitando que as pessoas fiquem mais à vontade para compartilhar suas ideias.

Procure o significado dos verbos e, depois de trocar ideia na turma, escreva o seu entendimento.

Compartilhar: _____

Partilhar: _____

Entender as ideias e filosofar

Queremos convidá-lo a silenciar sua mente, fechar os olhos, respirar profunda e calmamente.

Procure recordar bons momentos de sua vida, ocasiões em que você estava muito feliz.

Ao abrir novamente os olhos, escreva sobre um dos momentos que recordou. Conte quem estava com você, o que faziam e as emoções que essa lembrança trouxe para o momento presente.

_____
_____
_____
_____
_____

Vamos Criar e filosofar...

Troque ideias com os seus colegas sobre as lembranças que tiveram. Vejam quantos desses momentos foram compartilhados com familiares ou amigos!

Pensando no entendimento dos verbos "compartilhar" e "partilhar", responda às seguintes questões:

1. Quem é responsável pela disciplina em sala de aula? Justifique sua resposta.
_____
_____
_____
_____

2. Quando você compartilha suas ideias com os seus colegas, considera que aprende melhor ou que passa a pensar como os outros pensam? Comente.

3. Quem não expõe suas ideias durante as aulas não está participando? Existem outras formas de participar? Explique.

4. Quem é responsável pelo bom andamento das discussões nas aulas de Filosofia? Faça um comentário.

5. Na escola, assim como fora dela, existem várias modalidades de esporte em que as pessoas competem individualmente ou em equipes. Você gosta de participar dessas atividades? Por quê?

6. Existem outras competições na sua escola? No caso de existir, quais são elas?

7. Competir é um comportamento natural do ser humano ou é algo motivado pelo ambiente em que se vive? Por que você pensa assim?

_____
_____
_____

8. Faça uma relação entre a ideia de participar e o que representa a gravura abaixo.

_____
_____
_____
_____

9. Troque ideias com os seus colegas e faça uma comparação entre a imagem dos macaquinhos e a das três crianças. A seguir, dê um título para cada uma delas.

Título dos macaquinhos

_____
_____

Título das três crianças

_____

10. Agora vamos pensar sobre as questões abaixo. Após a reflexão pessoal de cada questão, vamos discutir na Comunidade de Aprendizagem Investigativa levando em conta as regras estipuladas:

- Um segredo pode ser compartilhado?
- Na sua opinião, existe diferença entre competir e participar? Como você explica isso?
- Existe semelhança entre compartilhar e participar? Justifique.
- Você participa das tarefas da casa, como cuidar do irmão menor, arrumar a cama, enxugar a louça, molhar as plantas?

> *"A compaixão e o amor são o cimento das pontes sobre as fronteiras que separam os seres humanos entre si."*
>
> Pierre Weil

11. Vamos ler e refletir sobre o texto abaixo.

Aceita um pedaço?

Serapião era um velho mendigo que perambulava pelas ruas da cidade. Ao seu lado, andava o fiel escudeiro, um vira-lata branco e preto que atendia pelo nome de Malhado. Serapião não pedia dinheiro. Aceitava sempre um pão, uma banana, um pedaço de bolo ou um almoço feito com sobras de comida dos mais abastados.

Quando suas roupas estavam imprestáveis, logo era socorrido por alguma alma caridosa. Mudava a apresentação e era alvo de brincadeiras. Serapião era conhecido como um homem bom que perdera a razão, a família, os amigos e até a identidade. Não bebia bebida alcoólica, estava sempre tranquilo, mesmo quando não havia recebido nem um pouco de comida. Dizia sempre que Deus lhe daria um pouco na hora certa e, sempre na hora que Deus determinava, alguém lhe estendia uma porção de alimentos.

Serapião agradecia e rogava a Deus pela pessoa que o ajudava. Tudo que ganhava dava primeiro para o Malhado, que, paciente, comia e ficava a esperar por mais um pouco. Não tinham onde dormir, onde anoiteciam lá dormiam. Quando chovia, procuravam abrigo embaixo da ponte do Ribeirão Bonito, e ali o mendigo ficava a meditar, com um olhar perdido no horizonte.

Aquela figura me deixava sempre pensativo, pois eu não entendia aquela vida vegetativa, sem progresso, sem esperança e sem um futuro promissor que Serapião levava. Certo dia, com a desculpa de lhe oferecer umas bananas, fui bater um papo com o velho Serapião. Iniciei a conversa falando do Malhado, perguntei pela idade dele, o que Serapião não sabia. Dizia não ter ideia, pois se encontraram um certo dia quando ambos andavam à toa pelas ruas.

— Nossa amizade começou com um pedaço de pão, disse o mendigo. Ele parecia estar faminto, eu lhe ofereci um pouco do meu almoço e ele agradeceu abanando o rabo, daí ele não me largou mais. Ele me ajuda muito e eu retribuo essa ajuda sempre que posso.

— Como vocês se ajudam? Perguntei.

— Ele me vigia quando estou dormindo; ninguém pode chegar perto que ele late e ataca. Também quando ele dorme eu fico vigiando para que outro cachorro não o incomode.

Continuando a conversa, perguntei:

— Serapião, você tem algum desejo de vida?

— Sim — respondeu ele —, tenho vontade de comer um cachorro-quente daqueles que a Zezé vende ali na esquina.

— Só isso? Indaguei.

— É, no momento é só isso que eu desejo.

— Pois bem, vou satisfazer agora esse grande desejo. Saí e comprei um cachorro-quente para o mendigo. Voltei e lhe entreguei. Ele arregalou os olhos, deu um sorriso, agradeceu a dádiva e, em seguida, tirou a salsicha, deu para o Malhado e comeu o pão com os temperos. Não entendi aquele gesto do mendigo, pois imaginava ser a salsicha o melhor pedaço.

— Por que você deu para o Malhado logo a salsicha? Perguntei intrigado. Ele, com a boca cheia, respondeu:

— Para o melhor amigo, o melhor pedaço. E continuou comendo, alegre e satisfeito. Despedi-me do Serapião, passei a mão na cabeça do Malhado e saí pensando com os meus botões: aprendi alguma coisa hoje. Como é bom ter amigos. Pessoas em quem possamos confiar, e saber reconhecer neles o seu real valor, agindo em consonância. Por outro lado, é bom ser amigo de alguém e ter a satisfação de ser reconhecido como tal. Jamais esquecerei a sabedoria daquele eremita.

PARA O MELHOR AMIGO, O MELHOR PEDAÇO...

CURIOSIDADE

A palavra "companheiro" tem origem no latim. O latim é uma língua muito antiga usada por pessoas de outros tempos para falar e escrever.

Em latim, "companheiro" significa "com o pão", ou seja, "aquele que come o pão comigo"; aquele que reparte comigo o pão. Com o tempo, foi se modificando, modificando e veio dar na linda palavra: COMPANHEIRO.

5 AMIZADE

Para aquecer a investigação filosófica

Os amigos são grandes companheiros com quem gostamos de **compartilhar** a vida. A amizade é muito comparada a um tesouro, pois ela é preciosa. Também ouvimos dizer que ela precisa ser cultivada, pois nasce pequena e vai crescendo e amadurecendo como uma fruta.

A amizade foi um tema filosófico na Antiguidade. Epicuro, nascido na Grécia em 341 a.C., considerava a convivência com os amigos uma das três coisas fundamentais para encontrarmos a felicidade. Em sua filosofia de vida, valorizava a solidariedade, a simpatia e a alegria **partilhada**.

Os amigos nos aceitam como somos, com eles falamos de coisas realmente importantes. Podemos dizer que nos ajudam a ser melhores, pois a amizade nos faz mais sensíveis às dificuldades dos outros.

Às vezes acontece de nos desentendermos com um amigo, numa situação dessa é preciso parar para pensar, avaliar o que está acontecendo e conversar. A verdadeira amizade sobrevive mesmo quando o amigo nos magoa. O que importa é não esconder a dor e falar sobre ela. Esse é um bom caminho para a reconciliação.

Vamos Filosofar e criar...

O tema amizade está muito presente em filmes, desenhos animados, histórias em quadrinhos, livros e novelas. Existem amigos famosos como o Fred e o Barney (dos Flintstones), o Batman e o Robin, os personagens da turma da Mônica, da turma do Menino Maluquinho e tantos outros.

Escolha um desses amigos "famosos" para investigar. Procure identificar as características dessa amizade. Tente demonstrar que eles realmente são amigos. Você poderá contar alguma situação que eles tenham vivido, escolher algumas falas ou outra ideia que lhe ocorrer durante a sua pesquisa.

_____
_____
_____
_____
_____
_____
_____
_____
_____
_____
_____
_____
_____
_____
_____
_____

Atividade em dupla

1. Troque ideias com os seus colegas, vejam se conseguem encontrar uma ligação, algo que seja comum entre os amigos pesquisados.

_____
_____
_____
_____

2. Como a amizade é apresentada nas novelas e nos programas de televisão em geral?

_____
_____
_____
_____

3. Vamos refletir, pensar e discutir na Comunidade de Aprendizagem Investigativa:

- Existem amizades mais fortes do que outras? Comente.
- Uma amizade pode acabar? Dê as razões.
- Como se cultiva uma boa amizade?
- De que modo podemos saber se estamos sendo amigos de alguém?
- Pela Internet é possível conversar com pessoas do mundo inteiro. Com isso, é correto afirmar que é fácil fazer amizades pela Internet?
- Qual a diferença entre ser amigo e ser colega?

Vamos Criar e filosofar...

Vitamina da Amizade: não existe uma receita para se fazer uma amizade, mas existem ingredientes que compõem uma amizade. Pensando nisso, imagine como seria uma vitamina para fortalecer uma amizade.

Ingredientes:

_____
_____
_____
_____
_____

Modo de preparar:

_____
_____
_____
_____
_____
_____
_____
_____

Uma amizade cultivada: a flor que está abaixo representará uma amizade que você cultiva. Para isso, escreva no miolo da flor o nome de um(a) amigo(a) e nas pétalas coloque as qualidades que você mais admira nele(a).

Acima de tudo, na vida, temos necessidade de alguém que nos obrigue a realizar aquilo de que somos capazes. É este o papel da amizade.

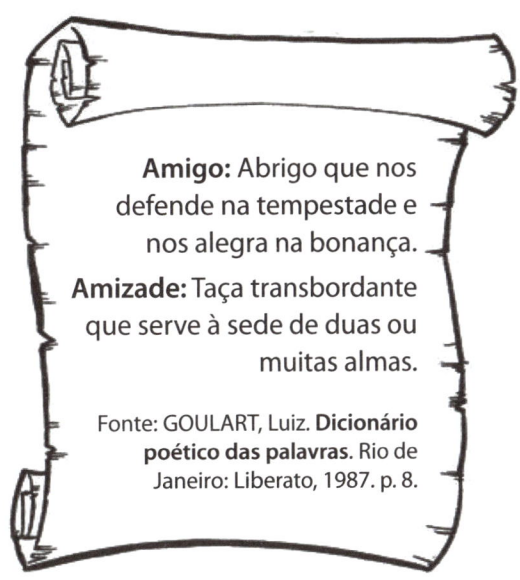

Amigo: Abrigo que nos defende na tempestade e nos alegra na bonança.
Amizade: Taça transbordante que serve à sede de duas ou muitas almas.

Fonte: GOULART, Luiz. **Dicionário poético das palavras**. Rio de Janeiro: Liberato, 1987. p. 8.

Cantar e Filosofar

XOTE FILOSÓFICO

Letra e Música: Alunos e professores dos Colégios da Rede Educação para o Pensar do Brasil, ligados ao Centro de Filosofia

/:Vou contar para você, o que é filosofar,
vem comigo aprender a beleza de pensar:/

Quando a gente se reúne,
Para juntos dialogar,
Vão surgindo as ideias,
Como é bom investigar,
/:E então a gente aprende, viver, amar, participar:/

/:Vou contar para você o que é filosofar,
vem comigo aprender a beleza de pensar:/

Discutir sobre a verdade,
Justo e injusto a liberdade,
Sobre a vida cotidiana a favor da humanidade
/:Desde cedo aprendendo, construir fraternidade:/

Dia do Amigo
20 de julho

O **Dia do Amigo** foi adotado em Buenos Aires, na Argentina, com o Decreto nº 235/79, sendo gradualmente adotado em outras partes do mundo.

A data foi criada inspirando-se na chegada do homem à lua, em 20 de julho de 1969, considerando a conquista não somente uma vitória científica, como também uma oportunidade de se fazerem amigos em outras partes do universo. Assim, durante um ano, divulgou-se o lema "Meu amigo é meu mestre, meu discípulo e meu companheiro".

Aos poucos a data foi sendo adotada em outros países e hoje, em quase todo o mundo, o dia **20 de julho** é o **Dia do Amigo**, é quando as pessoas trocam presentes, se abraçam e declaram sua amizade umas as outras, na teoria.

DATA

6 RESPONSABILIDADE: SER RESPONSÁVEL

Para aquecer a investigação filosófica

Na escola muitas coisas são **compartilhadas**, desde espaços a **responsabilidades**. Várias pessoas trabalharam muito antes de você chegar. A escola precisa ser aberta, as salas, os banheiros e os pátios, limpos. Tudo tem que estar em ordem para a chegada dos alunos e dos professores. É um grande trabalho em equipe para que você possa estudar, aprender e viver bons momentos com os seus colegas.

Imagine se o pessoal da limpeza resolvesse não trabalhar. Quem abre o portão da escola não abrisse. Tudo está interligado! Se uma pessoa deixa de fazer a parte dela, alguém terá que fazê-la e talvez fique sobrecarregado.

Vamos Criar e filosofar...

Veja o que aconteceu numa certa escola, num certo lugar. Ao final da leitura, dê um título para a história.

Entender as ideias e filosofar

A professora dividiu a turma em equipes para que fizessem um trabalho. Uma das equipes tinha quatro alunos: **Todo Mundo**, **Alguém**, **Qualquer Um** e **Ninguém**.

Os dias foram passando e a data de entrega do trabalho estava chegando.

Todo Mundo tinha certeza de que **Alguém** o faria. **Qualquer Um** poderia ter feito, mas **Ninguém** o fez. **Alguém** ficou zangado com isso, pois era um trabalho de **Todo Mundo**. **Todo Mundo** pensou que **Qualquer Um** poderia fazê-lo, mas **Ninguém** imaginou que **Todo Mundo** deixasse de fazê-lo. Ao final, **Todo Mundo** culpou **Alguém** quando **Ninguém** fez o que **Qualquer Um** deveria ter feito.

Essa pequena história não passa de uma brincadeira, um jogo de palavras, mas pode ajudar a pensar na responsabilidade de cada um.

O que é ser uma pessoa responsável? _____
_____
_____

Será que ser responsável é fazer as coisas que esperam que você faça? _____
_____
_____

Vamos Filosofar e criar...

A palavra "responsabilidade" tem origem no latim, vem de "*respondere*", que significa "habilidade de responder". Responder pelos atos praticados, justificar as razões das próprias ações, assumir as consequências do que faz, enfim, reconhecer-se como autor.

A responsabilidade é algo que precisa ser assumida internamente. Tomemos como exemplo as **regras** elaboradas no início do ano. Elas foram criadas com a participação de toda a turma na busca de uma boa convivência, portanto, não podem ser vistas como uma coisa ruim que existe só para atrapalhar. Quando todos conseguem ver as regras como algo positivo, fica mais fácil cumpri-las sem que alguém precise cuidar ou cobrar.

1. Pensando no que acabamos de ler e discutir, cite algumas de suas responsabilidades conforme os seguintes itens:

a) Cuidados pessoais/responsabilidades consigo mesmo.

___

b) Responsabilidades com a família.

___

c) Responsabilidades com os seus professores.

_____
_____
_____
_____
_____

d) Responsabilidades com os seus colegas de sala e amigos.

_____
_____
_____
_____
_____

e) Responsabilidades com o meio ambiente.

_____
_____
_____
_____
_____

f) Responsabilidades que você gostaria de ter.

_____
_____
_____
_____
_____

2. Descreva a sensação de bem-estar que você experimenta ao cumprir suas responsabilidades.

_____
_____
_____
_____

Atividade em dupla

Indo além...

Pesquise no jornal um ato que possa ser considerado responsável e um ato irresponsável. Em duplas ou em trios, troque ideias com os seus colegas e busque alternativas para transformar os atos irresponsáveis pesquisados em atos responsáveis.

A PAZ É RESPONSABILIDADE DE TODOS

A Organização das Nações Unidas para a Educação, a Ciência e a Cultura (UNESCO) tem como principal missão a construção da paz. No ano de 1999, lançou o "Manifesto 2000 por uma Cultura de Paz e Não-Violência". Esse manifesto, redigido por um grupo de ganhadores do Prêmio Nobel da Paz, tem como objetivo promover a conscientização e criar um sentido de responsabilidade pessoal com relação à paz.

Valores da cultura de paz

- Respeitar a vida
- Rejeitar a violência
- Ser generoso
- Ouvir para compreender
- Preservar o planeta
- Redescobrir a solidariedade

Torne-se você também um mensageiro da tolerância, da solidariedade e do diálogo comprometendo-se a cumprir os seis pontos do Manifesto, agindo no espírito da Cultura de Paz.

Entender as ideias e filosofar

Represente por meio de um desenho o seu sonho de paz.

"Seja a mudança que você quer ver no mundo."

Mahatma Gandhi

DATA ____ ____ ____

7 TENHO UMA HISTÓRIA

Para aquecer a investigação filosófica

Você já deve ter escutado muitas histórias contadas por seus pais e avós falando da infância e de acontecimentos interessantes da sua família. Assim você pôde conhecer um pouco da sua origem.

Nós somos aquilo que vivemos, portanto, você é parte da vida dos seus familiares, amigos, colegas de escola, professores e tantas outras pessoas que estão à sua volta.

É importante ter consciência de que, a cada momento, você está criando a sua própria história e fazendo parte da história de outras pessoas.

Vamos Criar e filosofar...

A certidão de nascimento é o primeiro documento oficial de uma pessoa. Nela estão registrados a data do nascimento, a cidade, o nome dos pais e dos avós. Com o tempo vamos acumulando outros, como álbum de fotos, carteirinha de clube, carteira de estudante etc. Que documentos você já possui?

Documentos oficiais:

_____

_____

_____

Documentos particulares:

_____

_____

_____

Entender as ideias e filosofar

Converse com os seus familiares e juntos relembrem acontecimentos interessantes de sua vida. Escolha um desses acontecimentos para compartilhar com os seus colegas.

Faça um relato por escrito e depois o ilustre como você preferir (foto, desenho, recorte e colagem).

Vamos Filosofar e criar...

É importante sabermos que existe a **Filosofia da História**, que é a interpretação da realidade histórica com base nas concepções filosóficas. Seriam várias as visões de mundo a escrever a história, vendo, ou não, no caminhar do homem sobre a Terra um sentido e qual seria ele.

Na mitologia grega, temos Clio, a musa da história e da criatividade, aquela que divulga e celebra as realizações. Preside a eloquência, sendo a fiadora das relações políticas entre homens e nações. É representada como uma jovem coroada de louros, trazendo na mão direita uma trombeta e na esquerda, um livro intitulado "Thucydide".

Clio, a musa da História, por Pierre Mignard (1689).

Uma história ou várias histórias?

Com a ajuda do(a) professor(a) na Comunidade de Aprendizagem Investigativa, vocês escolherão um dia bem significativo para a turma. Pode ser o primeiro dia de aula, ou um passeio que tenham feito, ou o início das investigações sobre amizade... Cada aluno escreverá a história desse dia conforme seu ponto de vista, ou seja, você será um narrador-personagem, o participante da história.

Depois de escrever a história, todos trocarão de livro para que seu colega possa ler as versões da história. Ele lê a sua história e você lê a que ele escreveu.

História _____
_____
_____
_____
_____
_____
_____
_____

Vamos pensar sobre as perguntas abaixo para iniciarmos, logo após, uma discussão sobre uma história ou várias histórias.

- O que você sentiu ao ler a história do seu colega?
- Você encontrou mais semelhanças ou mais diferenças entre as histórias?
- Você foi citado em alguma história escrita?
- Todas as pessoas têm uma história? Participam de uma história?
- O que você tem a dizer sobre a afirmação de que cada um constrói sua história de vida?

8. ENTENDIMENTOS DIFERENTES: AMBIGUIDADES

Para aquecer a investigação filosófica

Buscamos ser autores da nossa vida, da **nossa história**, para isso precisamos pensar antes de tomar decisões, planejar para alcançar nossos objetivos, refletir sobre nossas ações...

Ser compreendido é um dos nossos objetivos ao **compartilharmos** nossas ideias. Afinal, para que ficar falando se ninguém entende o que dizemos? Como conviver bem se não conseguimos entender o que os outros falam? Não é à toa que um dos pontos principais da **Cultura de Paz** é ouvir para compreender!

Desenvolver a capacidade de manter uma boa comunicação é uma das condições básicas para modificar ou melhorar nossas relações, portanto, precisamos estar atentos às palavras e à forma como estamos utilizando-as, pois elas podem ter diferentes significados, dependendo de como são empregadas.

Vamos Filosofar e criar...

Interpretando ambiguidades

1. Escreva os sentidos que as frases podem ter:

Exemplo: Estou procurando a chave da gaveta que estava no quarto.

- O que estava no quarto: a gaveta ou a chave da gaveta?

a) A casa está apertada.

b) Maria nem quer imaginar as horas que passará naquele banco.

c) Luís Antônio conta como o filho mudou sua vida.

d) Carolina pegou a caixa vazia da boneca que estava dentro do armário.

e) Desde os quatro anos meu irmão me ensinava a falar inglês.

f) As pessoas que praticam esporte frequentemente têm mais saúde.

g) Elaine e Diogo foram ao aniversário e levaram sua irmã.

Atividade em dupla

Um exemplo interessante e bem conhecido de **ambiguidade** é o do "testamento". Diz o seguinte:

> Um homem rico, à beira da morte, pediu papel, caneta e escreveu o seguinte:
>
> **"Deixo os meus bens à minha irmã não ao meu sobrinho jamais será paga a conta do alfaiate nada dou aos pobres".**
>
> O homem morreu sem ter tido tempo de pontuar o testamento, com isso o texto ficou ambíguo, não se sabe ao certo para quem ele deixou seus bens. Os quatro possíveis herdeiros pontuaram o testamento de acordo com os seus interesses.

Junto com o seu colega, tente descobrir quem foi beneficiado em cada pontuação.

a) Deixo os meus bens à minha irmã. Não ao meu sobrinho. Jamais será paga a conta do alfaiate. Nada dou aos pobres.

_____
_____

b) Deixo os meus bens à minha irmã? Não! Ao meu sobrinho. Jamais será paga a conta do alfaiate. Nada dou aos pobres.

_____
_____

c) Deixo os meus bens à minha irmã? Não! Ao meu sobrinho? Jamais! Será paga a conta do alfaiate? Nada! Dou aos pobres.

_____
_____

d) Deixo os meus bens à minha irmã? Não! Ao meu sobrinho? Jamais! Será paga a conta do alfaiate. Nada dou aos pobres.

_____
_____

Vamos Criar e filosofar...

Você já leu algum anúncio como este?

> "Aprenda violão! 3 meses. Sem sair de casa!"

- Pesquise propagandas que sejam ambíguas em jornais, revistas, *outdoors*, panfletos etc.
- Reúna as imagens e/ou textos encontrados para discutirem os possíveis sentidos.
- Organize um cartaz com o material encontrado.
- Observação: não se esqueça de colocar um título no cartaz, senão podem pensar que a sua turma está querendo "vender gato por lebre".

Temos outros tipos de entendimentos diferentes a que chamamos de ambiguidade visual ou ilusão de ótica. Em cada figura a seguir procure e escreva:

1. Um homem desgostoso? Ou um bonachão?

2. O que está escondido na imagem? Pinte as figuras ou escreva o que você encontrar.

Entender as ideias e filosofar

9 LER ALÉM DAS PALAVRAS: SINAIS

Para aquecer a investigação filosófica

Investigar as **ambiguidades** deve tê-lo deixado ainda mais atento ao uso das palavras para expressar suas ideias com clareza. Outro elemento importante na comunicação são os sinais. Eles podem indicar, alertar, enfim, transmitir uma informação.

> — QUE LETRA É ESSA?
> — EFE!
> — NÃO É "EFE"! É "ESSE".
> — EU NÃO DIFE IFO?

Vamos Criar e filosofar...

Vamos ler o texto a seguir e refletir sobre as perguntas, apontando o nosso entendimento de ir além das palavras.

SERÁ UM SINAL?

Guilherme ficou furioso com a correção da prova. Não concordava com os comentários feitos pela professora e muito menos com a nota que recebeu. Dirigiu-se à sala dos professores com a prova em punho.

— Isso não ia ficar assim, ela vai ter que rever minha prova! Pensou.

Chegando à porta da sala, viu que todos estavam em volta de alguém, que contava um "caso" com muita empolgação. Esse alguém era D. Valquíria. Guilherme não estava com a menor paciência para esperar o final da história e resolveu que voltaria depois. Enquanto caminhava para o pátio, Guilherme pensou.

— Isso deve ser um sinal me alertando para eu não falar agora, preciso me acalmar, estou muito nervoso, vou acabar falando bobagem.

a) Será que o fato de a professora estar ocupada foi, realmente, um sinal para que Guilherme tivesse tempo de se acalmar e refletir melhor?

b) Algumas pessoas podem ver sinais em coisas que para outras não querem dizer nada? Como você explica isso?

c) Um caminho de formigas pode ser considerado um sinal?

d) A erosão pode ser considerada um sinal? Justifique sua resposta.

e) Conte algo que você viveu e que poderia ser considerado um sinal.

_____
_____
_____
_____
_____
_____

f) Você já deve ter escutado esta frase "É um sinal dos tempos". Que sentidos ela pode ter?

_____
_____
_____
_____
_____
_____
_____

Vamos Filosofar e criar...

Comunicação visual

No mundo atual, a oferta de imagens é muito grande. Nas ruas os *outdoors* e os muros pintados querem sempre comunicar alguma coisa, na televisão são milhares de imagens que passam por nossos olhos sem que muitas vezes estejamos conscientes delas. Nas roupas que usamos as imagens também estão presentes em forma de símbolos ou mesmo em palavras estampadas. Algumas vezes, ficamos até cansados sem saber bem por quê... Interessante é constatar que muitas pessoas não conseguem compreender grande parte desses sinais.

1. Os sinais se apresentam de diversas formas. Faça uma leitura dos seguintes sinais e escreva o significado de cada um.

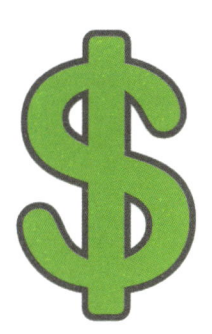

_____   _____   _____   _____

_____   _____   _____   _____

2. Complete os espaços com as letras que estão faltando.

P ___ ___ A ___ ___ ___ S.

G ___ ___ T ___ ___ .

E ___ C ___ I ___ ___ .

M ___ ___ ___ ___ A.

Dica: *são algumas maneiras utilizadas pelas pessoas para se comunicarem.*

3. Pense em um símbolo que poderia dizer algo sobre você.

- Se você gosta de escrever, poderia usar a imagem de uma caneta?

- Se você gosta de correr, poderia usar como símbolo um par de tênis?

- E, se você gosta de viajar, o que poderia usar como símbolo?

Depois de escolhida uma imagem, desenhe-a no espaço abaixo.

4. Nosso pensamento se dá por sinais? Palavras? Objetos?

5. Um gesto é um sinal?

6. Os sinais sempre comunicam alguma coisa?

7. A dor pode ser considerada um sinal do nosso corpo?

8. Será que os animais se comunicam? Por que você pensa assim?

O nó do afeto

Em uma reunião de pais, numa escola da periferia, a diretora ressaltava o apoio que os pais devem dar aos filhos; pedia-lhes também que se fizessem presentes o máximo de tempo possível.

Ela entendia que, embora a maioria dos pais e mães daquela comunidade trabalhasse fora, deveriam achar um tempinho para se dedicar e entender as crianças.

Mas a diretora ficou muito surpresa quando um pai se levantou e explicou, com seu jeito humilde, que ele não tinha tempo de falar com o filho, nem de vê-lo, durante a semana, porque, quando ele saía para trabalhar, era muito cedo, e o filho ainda estava dormindo. Quando voltava do serviço, já era muito tarde, e o garoto não estava mais acordado.

Explicou, ainda, que tinha de trabalhar assim para prover o sustento da família, mas também contou que isso o deixava angustiado por não ter tempo para o filho e que tentava se redimir, indo beijá-lo todas as noites quando chegava em casa. E, para que o filho soubesse da sua presença, ele dava um nó na ponta do lençol que o cobria. Isso acontecia religiosamente todas as noites quando ia beijá-lo. Quando o filho acordava e via o nó, sabia, através dele, que o pai tinha estado ali e o havia beijado.

O nó era o meio de comunicação entre eles.

A diretora emocionou-se com aquela singela história e ficou surpresa quando constatou que o filho desse pai era um dos melhores alunos da escola.

O fato nos faz refletir sobre as muitas maneiras de as pessoas se fazerem presentes, de se comunicarem com os outros. Aquele pai encontrou a sua, que era simples, mas eficiente. E o mais importante é que o filho percebia, através do nó afetivo, o que o pai estava lhe dizendo.

Por vezes, nos importamos tanto com a forma de dizer as coisas e esquecemos o principal, que é a comunicação através do sentimento; simples gestos como um beijo e um nó na ponta do lençol valiam, para aquele filho, muito mais do que presentes ou desculpas vazias. É válido que nos preocupemos com as pessoas, mas é importante que elas saibam que elas sintam isso.

Para que haja a comunicação é preciso que as pessoas "ouçam" a linguagem do nosso coração, pois, em matéria de afeto, os sentimentos sempre falam mais alto que as palavras.

É por essa razão que um beijo, revestido do mais puro afeto, cura a dor de cabeça, o arranhão no joelho, o medo do escuro.

As pessoas podem não entender o significado de muitas palavras, mas sabem registrar um gesto de amor. Mesmo que esse gesto seja apenas um nó... Um nó cheio de afeto e carinho.

E, você, já deu algum nó afetivo hoje?

Autor desconhecido

DATA

10 INTERPRETAR

Para aquecer a investigação filosófica

Segundo o filósofo Voltaire, ter habilidade significa ser "mais do que capaz, mais do que instruído". Habilidade seria um indicativo de capacidade, particularmente na produção de soluções para um problema específico.

Na área da educação, habilidade é o saber fazer. É a capacidade do aluno de realizar algo, como classificar, montar, calcular, ler, observar e interpretar. A capacidade do aluno de mobilizar suas habilidades (saber fazer), seus conhecimentos (saber) e suas atitudes (saber ser) é chamada por alguns educadores de *competência*. Assim, entender os conceitos é uma coisa, interpretá-los é outra e posicionar-se diante disso é outra.

Vamos Criar e filosofar...

Investigando **ambiguidades** e lendo **além das palavras**, você utilizou a sua capacidade de **interpretar**. Agora é um bom momento para refletir sobre ela.

Comece por levantar o entendimento que você e seus colegas têm do que é **interpretar**. Registre essas ideias no espaço abaixo.

Entender as ideias e filosofar

Agora você vai interpretar por meio do desenho. Leia o texto <u>individualmente</u> e ilustre-o. Faça o desenho sozinho num primeiro momento e depois vamos ver as várias interpretações surgidas.

O FACOQUERO

O facoquero (Phacochoerus aethiopicus) tem o triste privilégio de ser considerado o mais feio de todos os suídeos. Sua cabeça grande achatada, semeada de grandes verrugas, caracteriza-se pela posição dos olhos, muito afastados e situados muito atrás. O corpo maciço, sustentado por membros magros, é coberto, no pescoço e no dorso, por rígidas cerdas esparsas que formam uma espécie de crina e deixam a parte posterior quase desnuda. A pele e as cerdas são bruno-escuras ou anegradas. Nos machos, há uma grande dobra de pele nas bochechas com alguns pelos brancos.

Os indivíduos jovens têm uma dentição de 34 dentes, mas os facoqueros adultos conservam somente os 4 últimos molares e os caninos, que adquirem proporções monstruosas em ambos os sexos. Os caninos superiores, em especial, podem atingir 50 cm de comprimento, ultrapassando os lábios e encurvando-se primeiro para fora e depois para cima. Só a extremidade é recoberta de esmalte.

O facoquero pode medir até 1,80 m de comprimento, tendo mais uns 40 cm de calda, que é muito fina e termina num tufo de pelos. A altura na cernelha é de cerca de 70 cm, e o peso chega a 100 kg nos machos adultos.

Fonte: NUNES, Paulo Almeida. **Educação lúdica**. Edições Loyola, 1974. p. 189.

Atividade em grupo

Reúna-se com o seu grupo. Leiam novamente o texto e troquem ideias. Numa folha sulfite, façam um só desenho para o grupo. Esse desenho será exposto na sala para observação dos outros grupos.

a) O que você achou dessa atividade? Como foi para você desenhar o facoquero?

___

b) Você encontrou no texto as informações necessárias para desenhá-lo? O texto está claro?

___

c) O desenho do seu grupo ficou semelhante ao que você fez individualmente? Como ficaram os desenhos dos outros grupos? Faça um comentário.

___

d) Qual a relação dessa atividade com a ideia que está sendo investigada: de interpretar?

___

Se você pensa que nunca viu um facoquero, dê uma olhadinha no **Portal da Filosofia** e confira que ele é um animal muito "famoso".

> *"Precisamos entender que escutar não é somente ouvir; é também interpretar."*
>
> Roberto Crema

Vamos Filosofar e criar...

O jeito que a gente vê...

Nos dias em que o céu está cinzento, ouvimos pessoas dizendo: "Hoje não tem sol!". Será que realmente existe um dia sem sol? Não, a verdade é que hoje tem nuvens!

O copo está meio cheio ou meio vazio?

Recordando as investigações sobre **ambiguidades** e **sinais**, você pode perceber que muitas coisas dependem do jeito que a gente vê. Tudo está relacionado com o "olhar" que temos sobre as coisas, com a nossa forma de interpretar. É como diz o ditado: "Se a única ferramenta que você tem é um martelo, você tende a ver todos os problemas como um prego".

Desejamos que você tenha uma grande caixa de ferramentas para que possa ser autor da sua história, realizando seus sonhos e sendo feliz.

OS BISCOITOS ROUBADOS

Certo dia, uma moça estava à espera de seu voo na sala de embarque de um aeroporto. Como ela deveria esperar por muitas horas, resolveu comprar um livro para passar o tempo. Também comprou um pacote de biscoitos.

Então, ela achou uma poltrona numa parte reservada do aeroporto para que pudesse descansar e ler em paz. Ao lado dela se sentou um homem.

Quando ela pegou o primeiro biscoito, o homem também pegou um. Ela se sentiu indignada, mas não disse nada. Ela pensou para si: "Mas que cara de pau. Se eu estivesse mais disposta, lhe daria um soco no olho para que ele nunca mais esquecesse...".

A cada biscoito que ela pegava, o homem também pegava um. Aquilo a deixava tão indignada que ela não conseguia reagir. Restava apenas um biscoito e ela pensou: "O que será que o abusado vai fazer agora?". Então, o homem dividiu o biscoito ao meio, deixando a outra metade para ela. Aquilo a deixou irada e bufando de raiva. Ela pegou o seu livro e as suas coisas e dirigiu-se ao embarque.

Quando sentou confortavelmente em seu assento, para surpresa dela, o seu pacote de biscoito estava ainda intacto, dentro de sua bolsa.

Ela sentiu muita vergonha, pois quem estava errada era ela, e já não havia mais tempo para pedir desculpas. O homem dividiu os seus biscoitos sem se sentir indignado, ao passo que isto a deixara muito transtornada.

Em nossas vidas, muitas vezes não temos a consciência de que quem está errado somos nós.

Autor desconhecido

DATA

11 CUIDAR DE SI E DOS OUTROS

Para aquecer a investigação filosófica

> *"Tudo que existe e vive precisa ser cuidado para continuar a existir: uma planta, um animal, uma criança, um idoso, o planeta Terra."*
>
> Leonardo Boff

É comum tomarmos mais cuidado após situações de perigo, mas sabemos que melhor ainda é quando podemos evitar que determinadas situações aconteçam. Por isso precisamos refletir e tomar decisões sobre nossa vida sendo ponderados e equilibrados nos nossos julgamentos, tendo critérios para nossas ações e pensamentos.

Participar de um grupo, poder trocar ideias e aprender coisas novas, adquirir ferramentas que permitem uma interpretação melhor da vida, tudo isso faz parte das oportunidades que você tem diariamente de cuidar de si, autoconhecendo-se e desenvolvendo diversas das suas habilidades. Nesse cuidado, você também cuida de seus colegas, pois o seu desenvolvimento contribui para que eles também se desenvolvam.

Vamos Criar e filosofar...

1. O que você entende por cuidar? Procure no dicionário os significados do verbo "cuidar".

_____
_____
_____
_____

2. Cuidar é sempre cuidar de algo ou de alguém. Que cuidados você tem com você?

- Cuidados com o plano físico – corpo:

- Cuidados com o plano mental – pensamentos e conceitos:

- Cuidados com o plano emocional – sentimentos:

3. Que cuidados você observa que a sua família tem com você?

Nosso corpo, pensamentos e emoções não estão separados, assim como não estamos separados das outras pessoas e do meio ambiente. Tudo está interligado.

Vivência

1ª etapa: Leia a fábula, reflita e discuta com os seus colegas.

FÁBULA DO BEIJA-FLOR

Era uma vez um incêndio na Floresta.
Todos os animais fugiam desesperados.
Um beija-flor fazia um caminho diferente.
Ele pegava com o bico, gota por gota da água de um lago e jogava no fogo.
Um tatu intrigado perguntou:
— Beija-flor, você acha mesmo que pode apagar um incêndio?
— Tenho certeza que não, respondeu o beija-flor. Mas eu faço a minha parte.

Fonte: WEIL, Pierre. **A arte de viver em paz**. Manual do participante. Unipaz Brasil.

2ª etapa: Analisando a situação atual

Pesquise em jornais e revistas e traga para a sala de aula textos e/ou imagens que demonstrem falta de cuidado (com as pessoas, os bens públicos, o meio ambiente etc.).

3ª etapa: Planejando nossas ações *(O que podemos fazer?)*

Após ler e discutir os textos, elabore um plano de ação com atitudes que podemos ter no dia a dia para colaborar com a mudança das situações encontradas.

Prioridade:

O quê? _____

Como? _____

Onde? _____

Quando? _____

Com quem? _____

"Ninguém comete maior erro do que aquele que nada fez só porque pouco podia fazer."

Edmund Burke

Vamos Filosofar e criar...

Indique os cuidados fundamentais de cada uma das profissões:

Exemplo: Jornalista: manter o público informado, tendo sempre o compromisso com a verdade.

Professor: _____

Estudante: _____

Jardineiro: _____

Médico: _____

Dentista: _____

Bombeiro: _____

Eletricista: _____

Advogado: _____

Juiz de Direito: _____

Agente de viagens: _____

Engenheiro civil: _____

Filósofo: _____

"As guerras nascem porque os seres humanos estabelecem entre si e entre os povos a concorrência em vez da cooperação, a vontade de dominar os outros porque cada qual se julga melhor. É o cuidado de uns para com os outros, o cuidado para com a Casa Comum, a Terra, o cuidado para com a vida, a começar pelas mais ameaçadas, que tira as incompreensões, desarma os preconceitos e cria laços de confiança e de fraternidade." (Leonardo Boff)

Meu entendimento sobre a ideia: _____

_____
_____
_____
_____
_____
_____
_____
_____
_____
_____
_____
_____
_____
_____
_____

Cuidados com o ambiente

Nossa família e os demais seres vivos fazem parte do ambiente em que vivemos. O que nós fizermos para conservar esse ambiente beneficiará a todos, inclusive a nós mesmos.

a) Quais cuidados você tem com o ambiente de sua casa?

_____
_____
_____
_____

b) Quais cuidados você tem com o ambiente de sua escola?

c) Existem locais perigosos na sua escola?

d) Você já sofreu algum acidente que poderia ter sido evitado?

- "Sozinhos não vamos mudar o mundo, mas juntos somos mais fortes e podemos começar a fazer a diferença."

- "O que se opõe ao descuido e ao descaso é o cuidado. Cuidar é mais que um ato; é uma atitude. Portanto, abrange mais que um momento de atenção, de zelo e de desvelo. Representa uma *atitude* de ocupação, preocupação, de responsabilização e envolvimento afetivo com o outro".

Leonardo Boff

DATA

12 NECESSIDADES

Para aquecer a investigação filosófica

O cuidado faz parte da nossa essência, portanto, cuidar do nosso corpo, da nossa mente e das nossas emoções é uma necessidade para todos os seres humanos.

Diz-se que o corpo reflete a história de vida de uma pessoa, pois nele ficam registradas as interações com o meio ambiente e a satisfação ou não das necessidades biológicas, afetivas, sociais e culturais. A carência nutricional, afetiva e social, por exemplo, interfere no desenvolvimento e no funcionamento do corpo humano, deixando marcas.

É importante que você transforme os conhecimentos que vem adquirindo em atitudes de respeito e estima por você e pelas diferenças individuais.

Vamos Criar e filosofar...

Cada pessoa e cada corpo são únicos. Porém, várias necessidades são vitais a todos os seres humanos. Quais são essas necessidades?

_____
_____
_____
_____

Diferentes das necessidades vitais, são nossas **necessidades de conforto**. Faça uma lista, colocando em ordem de importância, o que você considera necessário para viver bem, isto é, para que você possa viver confortavelmente.

1º _____

2º _____

3º _____

4º _____

5º _____

6º _____

7º _____

8º _____

9º _____

Trocando ideias com os seus colegas e com o(a) professor(a), escreva em cada coluna o que vocês consideram necessário para a boa convivência.

Nas aulas de Filosofia	Na escola	Na sociedade

Entender as ideias e filosofar

Vamos Filosofar e criar...

1. Vamos pensar e discutir na Comunidade de Aprendizagem Investigativa:

- As necessidades mudam de acordo com a nossa idade?

- Quem sabe o que é bom para uma pessoa?

- Você concorda que quanto mais as pessoas têm mais felizes elas são?

- Você se sente feliz no seu ambiente?

- Uma pessoa que tem todas as necessidades satisfeitas é uma pessoa feliz?

- Comunicar-se é uma necessidade do ser humano?

- E aprender é uma necessidade?

- Existe alguma necessidade que não pode ser saciada?

- Qual a diferença entre viver e sobreviver?

2. Será que necessitamos mesmo de tudo que compramos? Crie textos para os balões com mensagens que ajudem as pessoas a refletirem antes de comprarem.

> Não compre por impulso. Pense antes.

3. Você concorda que a propaganda estimula as pessoas a adquirirem produtos de que não necessitam? Por que você pensa assim?

4. A publicidade brasileira é considerada uma das melhores e mais criativas do mundo. Cite um anúncio que você considera bem criativo.

5. Os anúncios publicitários servem apenas para divulgar produtos e estimular o consumo? Comente.

_____
_____
_____

6. Crie uma ilustração para a seguinte frase:

"A televisão é um chiclete para os olhos."
Frank Lloyd Wryght

Para ler e refletir

O SEGREDO DA FELICIDADE

Há muito tempo, em uma terra muito distante, havia um jovem rapaz, filho de um rico mercador, que buscava obstinadamente o segredo da felicidade.

Já havia viajado por muitos reinos, falado com muitos sábios, sem, no entanto, desvendar tal questão.

Um dia, após longa viagem pelo deserto, chegou a um belo castelo no alto de uma montanha.

Lá vivia um sábio que o rapaz ansiava conhecer.

Ao entrar em uma sala, viu uma atividade intensa. Mercadores entravam e saíam, pessoas conversavam pelos cantos, uma pequena orquestra tocava melodias suaves.

De longe ele avistou o sábio, que conversava calmamente com todos os que o buscavam.

O jovem precisou esperar duas horas até chegar sua vez de ser atendido.

O sábio ouviu-o com atenção, mas lhe disse com serenidade que naquele momento não poderia explicar-lhe qual era o segredo da felicidade.

Sugeriu que o rapaz desse um passeio pelo palácio e voltasse dali a duas horas.

— Entretanto, quero pedir-lhe um favor, completou o sábio, entregando-lhe uma colher de chá na qual pingou duas gotas de óleo.

— Enquanto estiver caminhando, carregue essa colher sem deixar o óleo derramar.

O rapaz pôs-se a subir e a descer as escadarias do palácio, mantendo sempre os olhos fixos na colher.

Ao fim de duas horas, retornou à presença do sábio.

— E então? — perguntou o sábio. — Você viu as tapeçarias da Pérsia que estão na sala de jantar? Viu o jardim que levou dez anos para ser cultivado? Reparou nos belos pergaminhos de minha biblioteca?

O rapaz, envergonhado, confessou não ter visto nada. Sua única preocupação havia sido não derramar as gotas de óleo que o sábio lhe havia confiado.

— Pois então volte e tente perceber as belezas que adornam minha casa, disse-lhe o sábio.

Já mais tranquilo, o rapaz pegou a colher com as duas gotas de óleo e voltou a percorrer o palácio, dessa vez reparando em todas as obras de arte.

Viu os jardins, as montanhas ao redor, a delicadeza das flores, atentando a todos os detalhes possíveis.

De volta à presença do sábio, relatou pormenorizadamente tudo o que vira.

— E onde estão as duas gotas de óleo que lhe confiei? — perguntou o sábio.

Olhando para a colher, o rapaz percebeu que as havia derramado.

— Pois este, meu rapaz, é o único conselho que tenho para lhe dar, disse o sábio. — O segredo da felicidade está em saber admirar as maravilhas do mundo, sem nunca se esquecer das duas gotas de óleo na colher.

DATA ____ ____ ____

PARA PENSARMOS SEMPRE

Nossa escola trabalha com um programa filosófico-pedagógico "Educar para o Pensar: Filosofia com Crianças, Adolescentes e Jovens". Você gosta desse trabalho? Acha que está ajudando você a ser mais feliz e a pensar melhor? Justifique sua resposta.

_____
_____
_____

Pesquisamos, discutimos, questionamos e fizemos muitas coisas sobre diversos temas nas aulas de Filosofia. Esses momentos foram agradáveis ou desagradáveis para você? Justifique sua resposta.

_____
_____
_____

As aulas de Filosofia têm ajudado você nas outras disciplinas? Explique.

_____
_____
_____

A Filosofia ajuda a viver melhor? Comente sua resposta.

_____
_____
_____

Você tem conseguido aplicar esses conhecimentos na sua vida (no seu dia a dia, no relacionamento com os colegas, professores e familiares)? Justifique sua resposta.

_____
_____
_____

Entender as ideias e filosofar

DATA ___ ___ ___

ESPAÇO FILOSÓFICO
ATIVIDADE EM FAMÍLIA

Para enriquecermos nossas próximas aulas, converse com os seus familiares sobre _____ _____, assunto trabalhado nesta semana, e peça para um deles escrever as ideias construídas.

_____
_____
_____
_____
_____
_____
_____
_____
_____
_____
_____
_____
_____
_____
_____
_____

Nome dos que colaboraram com esta atividade: _____
_____
_____

ESPAÇO CRIATIVO
PESQUISA

Você deverá fazer uma pesquisa sobre _____

Reúna informações e depois registre no espaço abaixo o que você encontrou de mais interessante sobre o assunto pesquisado.

_____
_____
_____
_____

Local em que pesquisei: _____
_____

ESPAÇO CRIATIVO
PESQUISA

Você deverá fazer uma pesquisa sobre _____

Reúna informações e depois registre no espaço abaixo o que você encontrou de mais interessante sobre o assunto pesquisado.

_____
_____
_____
_____

Local em que pesquisei: _____
_____

Entender as ideias e filosofar

DATA ____ ____ ____

ESPAÇO FILOSÓFICO
INVESTIGAÇÃO

Procure em jornais ou revistas palavras e/ou figuras que melhor representem a ideia _____ , assunto trabalhado na aula de Filosofia.

DATA _____ _____ _____

ESPAÇO FILOSÓFICO
INVESTIGAÇÃO

Procure em jornais ou revistas palavras e/ou figuras que melhor representem a ideia _____ , assunto trabalhado na aula de Filosofia.

DATA

ESPAÇO CRIATIVO
DESENHO

Conforme a discussão feita na aula sobre o assunto _____
_____ ,

desenhe no espaço abaixo o seu entendimento e/ou complementação da discussão e aprendizagem.

DATA ____ ____ ____

ESPAÇO CRIATIVO
DESENHO

Conforme a discussão feita na aula sobre o assunto _____
_____,

desenhe no espaço abaixo o seu entendimento e/ou complementação da discussão e aprendizagem.

Entender as ideias e filosofar

ESPAÇO FILOSÓFICO REFLEXÃO

Quando refletimos, nossos pensamentos vão se organizando. Depois de refletir, escreva o que você pensa agora sobre:

_____
_____
_____
_____
_____
_____

ESPAÇO FILOSÓFICO REFLEXÃO

Quando refletimos, nossos pensamentos vão se organizando. Depois de refletir, escreva o que você pensa agora sobre:

_____
_____
_____
_____
_____
_____

ESPAÇO FILOSÓFICO CRIATIVO
perguntas, dúvidas, anotações

ESPAÇO FILOSÓFICO CRIATIVO
perguntas, dúvidas, anotações

DATA

MOMENTO DE AVALIAÇÃO 1

1. Escreva como você se sente sendo coautor deste livro.

_____
_____
_____
_____
_____
_____

2. No final do Capítulo 1 temos duas perguntas. Leia a resposta que você colocou e escreva se ainda pensa da mesma forma ou se modificou seu modo de pensar.

_____
_____
_____
_____
_____
_____

3. No Capitulo 2 você colocou muitas ideias e um pouco mais sobre você. Escreva agora um sonho que você quer realizar em sua vida (caso não tenha pensado ainda sobre isso, pense nesse sonho agora).

_____
_____
_____
_____
_____
_____

4. Leia o texto "A importância de ser você mesmo" que está no final do Capítulo 2 e faça um comentário sobre a moral dessa história.

5. O que é Comunidade de Aprendizagem Investigativa?

6. As regras que foram levantadas pela Comunidade de Aprendizagem Investigativa estão sendo respeitadas na sala de aula? Justifique sua resposta tanto sendo afirmativa como negativa.

MOMENTO DE AVALIAÇÃO 2

1. O Capítulo 4 começa com o pensamento "O relacionamento é o espelho no qual descobrimos a nós mesmos. Sem relacionamento, não existimos. Existir é relacionar-se". Escreva o seu entendimento com justificativa.

___

2. Você concorda com a afirmação de que a escola é um espaço de convivência e aprendizagem? O que é compartilhar e partilhar?

___

3. Faça uma relação entre a ideia de participar e o que representa a gravura abaixo.

___

4. Como se cultiva uma boa amizade?

5. O que é ser uma pessoa responsável?

6. Represente por meio de um desenho o seu sonho de paz.

DATA

MOMENTO DE AVALIAÇÃO 3

1. Nós somos aquilo que vivemos, portanto, você é parte da vida dos seus familiares, amigos, colegas de escola, professores e tantas outras pessoas que estão à sua volta. Você concorda com essa afirmação? Justifique sua resposta e coloque exemplos.

_____
_____
_____
_____
_____
_____

2. Leia novamente o Capítulo 7 sobre a Filosofia da História. Escreva com as suas palavras o seu entendimento sobre a Filosofia da História e também o significado da musa da História – *Clio*.

_____
_____
_____
_____
_____
_____

3. O que significam as ambiguidades a seguir? Crie duas novas ambiguidades.
- Carolina pegou a caixa vazia da boneca que estava dentro do armário.

_____
_____
_____
_____
_____
_____

- Desde os quatro anos meu irmão me ensinava a falar inglês.

4. Você já deve ter escutado esta frase: "É um sinal dos tempos". Que sentidos ela pode ter?

5. Sobre a reflexão "O nó do afeto" no final do Capítulo 9, escreva um pequeno resumo e dê sua opinião crítica.

DATA

MOMENTO DE AVALIAÇÃO 4

1. Conforme o início do Capítulo 10, o que é *competência*? E o que você entendeu por "[...] entender os conceitos é uma coisa, interpretá-los é outra e posicionar-se diante disso é outra".

2. Releia o texto "Os biscoitos roubados" e escreva sua interpretação.

3. O que é cuidar?

4. Cada pessoa e cada corpo são únicos. Porém, várias necessidades são vitais a todos os seres humanos. Quais são essas necessidades?

5. Você concorda que a propaganda estimula as pessoas a adquirirem produtos de que não necessitam? Por que você pensa assim?

6. Releia o texto "O segredo da felicidade" e faça sua interpretação crítica.

VAMOS REGISTRAR NOSSA CAMINHADA NESTE ANO

Represente os melhores momentos que você viveu com os seus colegas e o(a) seu/sua professor(a) durante este ano. Escreva, desenhe, recorte e cole... Enfim, faça o que achar melhor para registrar esses momentos de aprendizagem filosófica.

Peça ao(à) seu/sua professor(a) e aos seus colegas que deixem abaixo um autógrafo, com letra legível. Você guardará como recordação dos que conviveram com você, trocando ideias, investigando, pensando, brincando, cantando, colaborando com o seu crescimento filosófico durante o 4º ano.

LEMBRETE

No seu Novo Espaço Filosófico Criativo 4º ano – **Entender as ideias e filosofar**, além dos autógrafos dos seus colegas da Comunidade de Aprendizagem Investigativa, estão registradas várias de suas ideias, construídas durante este ano. Portanto, guarde o seu livro num lugar especial, afinal, você é coautor. Assim, nos próximos anos, você poderá recordar esses momentos e verificar o seu crescimento na arte de aprender a pensar bem para viver e conviver melhor, para ser feliz.

"Boas vibrações para todos nós que juntos aprendemos e vamos seguir nossos caminhos.

Sonhar um sonho sozinho é loucura, sonhar com os outros é o começo da realização. Vamos sonhar juntos e ser FELIZES!"

REFERÊNCIAS

ALENCAR, Eunice Soriano de. **Como desenvolver o potencial criador**. 3ª ed., Petrópolis: Vozes, 1990.

ASSMANN, Hugo. **Reencantar a educação**: rumo à sociedade aprendente. 7ª ed., Petrópolis: Vozes, 1998.

BOFF, Leonardo. **Saber cuidar:** ética do humano: compaixão pela terra. Petrópolis: Vozes, 1999.

_____. **Do iceberg à Arca de Noé:** o nascimento de uma ética planetária. Rio de Janeiro: Garamond, 2002.

BROTTO, Fábio Otuzi. **Jogos cooperativos:** se o importante é competir, o fundamental é cooperar! 6ª ed. Santos: Projeto Cooperação, 1997.

CAGNETI, Sueli de S.; ZOTZ, Werner. **Livro que te quero livre**. Rio de Janeiro: Nórdica, 1986.

CÓRIA-SABINI, Maria Aparecida; OLIVEIRA, Valdir K. de. **Construindo valores humanos na escola.** Campinas: Papirus, 2002.

DELORS, Jacques. **Educação:** um tesouro a descobrir. 4ª ed., São Paulo: Cortez, 2000.

GOULART, Luiz. **Dicionário poético das palavras.** Rio de Janeiro: Liberato, 1987.

MORIN, Edgar. **Os sete saberes necessários à educação do futuro**. 4ª ed., São Paulo: Cortez, 2001.

NASCENTES, Antenor. **Dicionário de sinônimos.** 3ª ed., Rio de Janeiro: Nova Fronteira, 1981.

NUNES, Paulo Almeida. **Educação Lúdica.** São Paulo: Edições Loyola, 1974.

SANTOS, M. Helena Varela; LIMA, Teresa Macedo. **No reino dos porquês:** o homem do outro lado do espelho. 4ª ed., Coimbra: Porto, 1984.

WALFORD, David; MERBOTE, Ralf (Ed.) Anúncio do Programa de inverno de 1765-1766. In **Theoritical Philosophy, 1755-1770**. Tradução de Desidério Murcho. Cambridge University Press, 1992. p. 2306-2307.

WEILL, Pierre. **A arte de viver em paz:** por uma nova consciência, por uma nova educação. 5ª ed., São Paulo: Gente, 1993.

WONSOVICZ, Silvio. **Crianças, adolescentes e jovens filosofam**. Coleção Conhecer para projetar o futuro, 2º volume, Florianópolis: Sophos, 2005.

_____. **Programa educar para o pensar:** filosofia com crianças, adolescentes e jovens. Coleção Conhecer para projetar o futuro, 3º volume, Florianópolis: Sophos, 2005.

_____. **Cantar é filosofar:** songbook filosófico. Coleção Filosofia e Interdisciplinaridade, Florianópolis: Sophos, 2005.

"Ninguém trabalha mais duro para aprender do que uma criança curiosa"

FRIEDMAN, Thomas.
O mundo é plano: uma história breve do século XXI.